I0195836

7
Lk 2403.

ADRESSE

A LA CONVENTION,

VOTÉE

PAR LES SIX SECTIONS

DE DIJON,

ET PAR LES AUTORITÉS CONSTITUÉES SÉANTES
EN CETTE COMMUNE.

A DIJON,
DE L'IMPRIMERIE DE P. CAUSSE.
An III.

A LA CONVENTION

NATIONALE.

Citoyens représentans,

Les sections de la commune de Dijon, qui toutes se sont empressées d'applaudir à la destruction que vous avez opérée de ce systême de terreur et de sang, qui pesoit sur tous les points de la république, se réunissent aujourd'hui pour vous féliciter des encouragemens que vous donnez aux lettres et aux arts dont nos modernes tyrans avoient juré la ruine ; car ce n'étoit pas seulement à la nature et à l'humanité qu'ils avoient déclaré la guerre, ils vouloient anéantir les lumieres, le génie et les talens, tous les arts qui font la splendeur des empires et la consolation de la vie.

C'étoit au nom du patriotisme qu'ils

agissoient, comme s'ils avoient pu appartenir à la patrie, eux qui la déshonoroient par leurs vices. Les gens de lettres, les savans, les hommes utiles, étoient poursuivis comme suspects ; les lumieres à qui la France doit sa révolution, les arts qui, dans les jours de notre servitude, faisoient notre considération dans l'Europe, et soutenoient la gloire du nom français, étoient regardés comme des titres de proscription ; la féroce ignorance s'acharnoit à la destruction de tous les monumens du génie ; leurs débris couvroient le sol de la république ; et la France muette à ce spectacle, s'étonnoit de sa nouvelle destinée.

Un tel opprobre ne pouvoit pas subsister. Vous avez mis fin à cette conspiration insensée, contre la raison et les lumieres ; vous avez relevé les arts abattus. Les rapports lumineux faits au nom de vos comités, en annonçant vos projets pour le développement et la perfection de l'industrie et des arts, ont prouvé que vos plans embrassent toutes les idées de bonheur et de gloire; ils ont rendu aux artistes, aux gens de lettres, à tous les amis de la patrie, la confiance et le courage.

Mais aucune ville n'a plus vivement applaudi à vos décrets régénérateurs, que celle de Dijon, témoin et victime de la barbarie exercée contre les arts. Nous avons vu dans nos murs d'antiques monumens qui fixoient les regards de tous les étrangers, brisés, mis en pieces, sans qu'il en restât de vestiges; nous avons vu des chefs-d'œuvre mutilés et déshonorés; nous avons entendu voter la proscription et la mort des gens à talens, des orateurs; et si nous avons encore des monumens, nous en sommes redevables au zèle industrieux des amis des arts, qui n'ont rien épargné pour les soustraire à nos farouches dévastateurs.

Au milieu des orages inséparables d'une grande révolution, au milieu d'une guerre terrible et des factions de l'intérieur, vous avez jetté les vrais fondemens de la félicité publique, en commençant à organiser l'instruction et l'éducation nationale. Vous avez établi des écoles normales, des écoles primaires; vous formerez encore sans doute dans chaque département, des écoles secondaires; enfin, vous fixerez sur quelques points de la république, de ces grands établissemens d'éducation nationale qui ont été désignés sous le nom de lycées, où toutes les sciences et les arts réunis, et s'éclairant mutuellement, formeront le complément de l'éducation. C'est à ce moment que Dijon tourne vers vous ses regards et ses espérances.

Si cette commune, qui a tout perdu à la révolution, et qui a fait courageusement tous les sacrifices que l'intérêt commun exigeoit; qui, éloignée de toutes les relations commerciales dont elle est même peu susceptible, n'a plus de ressource pour conserver sa population, que les sciences et les arts qu'elle a toujours cultivés, vous demandoit de fixer chez elle un de ces grands établissemens d'instruction générale ; si elle demandoit de conserver dans son sein les nombreux établissemens qu'elle possede, et de ne pas voir transporter hors de chez elle ses richesses littéraires, sans doute vous accueilleriez sa demande et vous jugeriez qu'il est naturel à une ville qui a toujours été connue par son attachement aux lettres, et qui a produit tant de grands hommes, d'être jalouse de conserver ce qui l'honore.

Mais ce n'est point sur notre intérêt particulier, quelque légitime qu'il puisse être, que nous appuyons notre demande ; nous ne la formons que parce que nous sommes persuadés qu'il est de l'intérêt même de la république, de placer un lycée à Dijon, et que ses localités présentent des avantages qu'on ne trouveroit pas dans la plupart des autres villes avec lesquelles on pourroit le faire concourir.

Le premier de ces avantages consiste

dans sa position géographique. Il faut qu'un établissement d'instruction complette, fait pour appeller les éleves de plusieurs départemens, soit placé dans le centre de ces départemens; il faut que cet établissement soit dans une ville d'une population assez nombreuse, pour offrir par elle-même des ressources et des sujets à l'enseignement; dans une ville qui ne soit point située sur les frontieres, sur celles sur-tout qui sont exposées à devenir le théâtre de la guerre, dont les événemens pourroient bouleverser ou déranger cet établissement. Or, telle est la situation de Dijon; il est environné de départemens qui n'ont pour chefs-lieux que de petites villes, comme ceux de Saône et Loire, de Haute-Marne, de Haute-Saône, du Jura et de l'Ain; ou qui n'ont que des villes frontieres, tel que celui du Doubs. Dijon doit donc naturellement servir de point central à tous ces départemens. Ainsi, déja sous ce point de vue, l'intérêt de la république est qu'un des lycées soit placé à Dijon.

Quelques personnes ont pensé qu'il seroit mieux de placer les lycées dans les cités les plus considérables de la république. Mais, outre les dangers pour les mœurs que la jeunesse court dans les grandes villes, ainsi que l'ont observé tous ceux qui ont écrit sur l'éducation, ces villes sont presque toutes des villes de commerce. Elles sont sans doute bien précieuses à l'état, en faisant circuler dans toutes ses parties la richesse et l'abondance ; mais un grand établissement d'instruction nationale y seroit moins bien placé. Les spéculations commerciales absorbent toutes les pensées : ce charme inexprimable que procure dans les arts l'imitation de la belle nature, et dans les sciences exactes la découverte des vérités, doit en général être moins senti dans les lieux où tous les esprits sont entraînés vers un autre objet par un intérêt puissant. Chaque ville a ses localités et ses avantages qu'il faut distinguer. C'est dans l'activité des grandes cités que le commerce sera florissant ; c'est dans le calme et loin des grandes distractions, c'est dans les villes d'une population moyenne, au milieu de citoyens, qui par goût et par intérêt, tendent tous au même but et qui y concourent, que l'instruction fera de grands progrès. Et telle seroit en particulier la ville de Dijon.

Il faut, en second lieu, qu'un établissement complet d'éducation nationale soit placé sur un sol qui fournisse à l'agriculture et aux différentes sciences, telles que la botanique, l'histoire naturelle, la minéralogie, une riche et abondante matiere d'observations et d'expériences ; de celles sur-tout qui peuvent le plus servir à l'instruction des éleves, au progrès des arts, et qui peuvent accroître les richesses nationales. Or, tel est encore le département de la Côte-d'Or. Son sol présente les productions et les sites les plus variés.

Les végétaux qui croissent sur la côte et la montagne, different entiérement de ceux que produit ce qu'on y appelle le pays bas. Les montagnes de la Côte-d'Or offrent à la botanique une immense variété des plantes les plus utiles, des simples qui ne croissent que sur les Alpes et les Pyrénées, et qu'inutilement on chercheroit dans les autres départemens; elles renferment un grand nombre de mines, le plus beau granit que l'on connoisse. * Ses côteaux sont tapissés de vignes, qui sont une des grandes sources de la richesse nationale. Si les vins qu'on en tire, quoiqu'abandonnés à une manipulation servilement méchanique, sont néanmoins réputés les meilleurs de l'Europe et du monde, quel accroissement de richesses ne seroit-ce pas, si, comme les expériences de quelques savans l'annoncent, on parvenoit, par des procé-

* Voy. le dictionnaire d'histoire naturelle, art. *granit*.

dés fondés sur la physique et la chymie, à en doubler ou tripler la valeur en leur donnant plus de saveur, et sur-tout plus de durée, en les rendant propres à séjourner dans les pays les plus glacés du nord, et à passer la ligne sans rien perdre de leur qualité ? Cette observation prouve combien il est important pour la république de réunir une société de savans dans une contrée dont les productions sont si précieuses, et où l'art et la science peuvent en augmenter si considérablement la valeur.

Un troisieme avantage qu'offre Dijon, c'est qu'on y trouve déja des établissemens auxquels il y auroit peu de chose à ajouter pour former un cours complet d'instruction nationale. Ces établissemens consistent dans une école de dessin, peinture et sculpture ; école d'où sont sortis des éleves distingués, qui, à Rome même et dans l'Italie, ont obtenu les premieres places parmi les artistes. On a remarqué que depuis cet établissement, les arts et métiers ont acquis à Dijon un goût et une perfection qu'ils n'avoient pas auparavant. Cette école est pourvue de tous les modeles nécessaires pour l'instruction des éleves ; on y a joint un *muséum* où se trouve une collection de tableaux précieux , et une suite de statues moulées sur l'antique , ou exécutées en marbre à Rome , d'après les chefs-d'œuvre dont cette ville s'enorgueillit. Dijon possede encore un laboratoire de chymie, garni de tous les objets nécessaires à la démonstration ; un jardin de botanique , que les relations de l'académie de Dijon avec tous les savans du monde, ont enrichi de plantes rares ; plusieurs bibliotheques publiques , un cabinet d'histoire naturelle, un cabinet de physique expérimentale , un observatoire et des instrumens astronomiques très-précieux. Tous ces objets sont complets , ou peuvent le devenir par la réunion des morceaux rares et curieux trouvés chez les émigrés. Ces collections d'un prix inestimable, ces richesses héréditaires, fruit des recherches et du temps, fruit des dons des particuliers et de l'amour de tous les citoyens de Dijon pour les arts, leur seront-elles enlevées, iront-elles décorer d'autres lycées ? Non, les Dijonnois ne le peuvent croire.

Ajoutons encore qu'il existe à Dijon des cours de presque toutes les sciences ; un cours de mathématiques qui a formé dans tous les temps un grand nombre de sujets pour l'artillerie, le génie, la marine, les ponts et chaussées ; un cours de chymie qui a eu de la célébrité, non-seulement en France, mais en Europe ; un cours de botanique, un cours de physique expérimentale, un cours d'astronomie, un cours de matiere médicale, un cours d'anatomie, un cours de langues étrangeres, un institut de musique ; enfin un cours d'accouchement, où l'on instruit un grand nombre de femmes, qui, se répandant ensuite dans les campagnes, y vont mettre en pratique l'instruction qu'elles ont reçue. Tous ces différens cours supposent des hommes instruits qui en ont formé d'autres ; ils ont répandu dans toute la ville le goût des connoissances utiles. Ici tout est préparé et n'a pas besoin d'impulsion ; on y trouvera plus aisément qu'ailleurs, des professeurs, des amateurs, une disposition plus générale des esprits à s'adonner aux sciences et aux arts ; considération bien importante dans un établissement de ce genre. La plupart de ces cours avoient des revenus, et cette dotation avoit été faite par des citoyens de Dijon ; c'étoit une partie de la richesse de cette commune, c'est la seule qui lui reste à ce moment. Si la nation, au profit de laquelle tous ces revenus ont tourné, n'en reverse rien sur la ville d'où ils émanent, elle restera dans un dénuement absolu.

Une quatrieme considération est que Dijon renferme quantité d'emplacemens et d'édifices considérables dans lesquels il y auroit peu de dépenses à faire pour en former des écoles publiques de tous les genres. Ces emplacemens sont le college, vaste et spacieux édifice, le ci-devant palais des états, l'hôtel de l'académie, l'ancien palais de justice, auquel sont joints le trésor et la chambre des comptes ; l'ancienne intendance, plusieurs maisons religieuses, de superbes et vastes églises ; enfin, à la proximité de la ville, un parc spacieux borné par la riviere, où l'on pourroit établir un gymnase et des écoles d'exercice militaire, d'équitation, de natation, etc. La plupart de ces emplacemens, qui ne peuvent guere convenir qu'à des écoles publiques, ont coûté des sommes immenses. La vente qu'on en pourroit faire produiroit peu à la république, parce qu'ils ne pourroient être achetés que par des particuliers qui seroient obligés de les démolir pour en tirer parti. Il est donc plus avantageux à la république de les employer à un établissement central d'éducation, que d'en construire à grands frais dans d'autres villes où l'on ne trouveroit pas des édilices aussi beaux, aussi nombreux, aussi convenables.

Ajouterons-nous une derniere considération en faveur de la ville de Dijon, tirée des grands hommes qu'elle a produits ? et pourquoi n'en parlerions nous pas ? Sans doute il est permis de se glorifier de tels ancêtres. Dijon est la patrie des Bossuet, des Buffon, des Rameau, des Crébillon, des Piron, et d'une foule d'hommes célebres dans tous les genres. Elle a deviné et couronné la premiere le génie du grand philosophe qui a proclamé les droits des sociétés, et qu'on peut regarder comme le principal auteur de notre révolution ; et peut-être par cet acte de justice, a-t-elle contribué à développer en lui cette éloquence irrésistible et entraînante par laquelle il commandoit ce que les autres philosophes ne faisoient qu'indiquer. Quelles que soient les causes qui ont fait naître à Dijon tant de grands hommes, elles agiront sans doute avec bien plus d'énergie, lorsqu'elles seront secondées par l'émulation, l'instruction, le concours des hommes éclairés, la réunion et le spectacle des arts.

Telles sont les observations que nous soumettons à la Convention, pleins de confiance dans ses lumieres, son impartialité, son amour pour la chose publique.

Représentans, continuez à remplir le vœu des amis de la patrie, et poursuivez le cours de vos glorieuses destinées. Vous avez abattu l'aristocratie, anéanti le royalisme ; le hideux terrorisme fuit dans les ténebres pour se dérober, s'il le peut, à son ignominie et à ses remords : vous avez terrassé toutes les factions ; les hordes des tyrans coalisés fuient comme des troupeaux devant nos armées triomphantes. Vous avez beaucoup fait, mais il vous reste encore de plus grandes choses à exécuter, c'est de poser d'une maniere inébranlable, la base sur laquelle s'élevera l'édifice majestueux des connoissances humaines, et d'assurer le bonheur commun par la propagation des lumieres. C'est aux lumieres que nous devrons la sagesse des loix, la morale publique, l'affermissement de la liberté, tous les biens dont la condition humaine est susceptible. La France, que les arts cultivés et perfectionnés par un peuple libre, auront élevée au plus haut degré de prospérité et de gloire, deviendra le modele des nations de l'Europe. Les autres législateurs ont donné des loix à quelques cités; mais vous, vous aurez travaillé pour le bonheur du monde; vos noms seront gravés par la reconnoissance dans la mémoire des hommes, et l'époque où vous aurez existé, sera la plus chere au genre humain.

Les citoyens composant les six sections de la Commune de Dijon.

A Dijon, ce 30 nivôse,
 3ᵉ de la république fr.
 une et indivisible.

ARRÊTÉ

De l'administration du département de la Côte-d'Or.

Vu la pétition présentée à la Convention nationale, par les citoyens composant les sections de la commune de Dijon, tendante à obtenir un grand établissement d'instruction nationale dans cette commune.

Considérant que les motifs développés dans cette pétition, sont de la plus grande exactitude; que ce n'est pas seulement l'intérêt de la commune de Dijon qui les a dictés; mais que s'ils sont accueillis par les représentans, il en résultera un avantage réel pour l'éducation dont profiteroit avec facilité un grand nombre de départemens de la république.

Adopte les vues présentées par les sections de la commune de Dijon, dans leur adresse ci-dessus visée, et arrête que pour l'appuyer, le présent arrêté sera adressé au comité d'instruction publique.

Fait en séance publique, à Dijon, le 3 pluviôse, l'an 3e. de la république française, une et indivisible.

Signé RAMEAU, président.
H. M. F. VAILLANT, secrétaire.

ARRÊTÉ

De l'administration du district de Dijon.

Le directoire du district, ouï le rapport et l'agent national, considérant que malgré tous les ravages du vandalisme, il reste dans cette commune une immense quantité de monumens des arts et des sciences, et des richesses inappréciables en tout genre de littérature.

Qu'il est sans doute peu de points de la république qui offrent autant de ressource pour un lycée, soit par les établissemens déja existans, soit par la réunion des gens de lettres et des artistes éclairés, qui ont concouru à la conservation des monumens.

Arrête, en donnant une pleine adhésion au contenu de l'adresse présentée par les sections de cette commune, que le comité d'instruction publique est invité à prendre en très-grande considération, les motifs développés dans cette adresse pour l'établissement d'un lycée à Dijon.

Fait en séance publique du directoire du district de Dijon, le 9 pluviôse, de l'an troisieme de la république française, une et indivisible.

Signé E. J. NAULT, C. FROISSARD, A. PERRIN; et VILLEMEUREUX, secrétaire.

COPIE

Du registre des délibérations du conseil général de la commune de Dijon, du 5 pluviôse, l'an 3 de la république française, une et indivisible.

Les commissaires des six sections de la commune se présentent à la barre, lesquels ont été admis à la séance, et ont dit qu'ils étoient porteurs d'une pétition à la Convention nationale, arrêtée unanimement par les sections, laquelle pétition tend à demander l'établissement d'un lycée dans la commune de Dijon, en présentent les motifs qui doivent déterminer la Convention à l'accorder.

Lecture faite de cette pétition, les commissaires ont demandé au conseil général de la faire imprimer au nom de la commune, et de l'apuyer lui-même auprès de la Convention nationale.

Sur quoi le conseil général, oui l'agent national, délibere que ladite pétition sera imprimée aux frais de la commune, répandue avec profusion, et adressée, tant à la Convention qu'à la députation du département.

Le registre est signé des membres du Conseil.

Signé DURANDE, *maire*; PETITOT et NUBLA, *officiers municipaux*; DUBLED, *secrétaire.*